NOTICE

SUR LA VIE DU

COLONEL PRÉVOST DE SAINT-CYR

NOTICE

SUR LA VIE DU

COLONEL PRÉVOST DE SAINT-CYR

PARIS

IMPRIMERIE C. PARISET

101, RUE DE RICHELIEU, 101

1889

LE

COLONEL PRÉVOST DE SAINT-CYR

Si jamais existence militaire a été digne et bien remplie, ce fut la vie du vicomte Prévost de Saint-Cyr, qu'une mort tragique arrêta dans la force de l'âge, au moment où le grade de général allait couronner sa glorieuse carrière.

Le vicomte Joseph-Honoré-Célestin Prévost de Saint-Cyr, naquit à Castel-Sarrazin (Tarn-et-Garonne), le 18 juin 1773, de Jean-Guillaume-Prévost de Saint-Cyr et d'Antoinette-Félice Mazials. Il venait d'achever ses études avec succès, lorsque la Révolution française éclata. Comme Lafayette, le vicomte, animé de sentiments libéraux, inclina vers les idées nouvelles. Quand parut la fameuse et insolente déclaration de Pilnitz, et qu'aux représentations de l'Assemblée législative M. Kaunitz, interprète des princes allemands coalisés contre la France, répondit : « que la ligue des souverains réunis pour la sûreté et l'honneur des couronnes était légitime et refusait de se dissoudre », Louis XVI ne put résister à l'opinion

publique et fut obligé d'appeler les Girondins au ministère, de préparer la guerre et de la déclarer. Avant qu'elle ne le fût, la défense du territoire s'organisait déjà à Paris et dans les départements. Le jeune vicomte partagea l'enthousiasme général et entra au service, qu'il ne devait plus quitter jusqu'à sa mort, avec le grade de capitaine au 5e bataillon des volontaires nationaux de la Haute-Garonne, le 10 mars 1792. Il n'avait pas encore dix-neuf ans.

Dirigé sur l'armée des Alpes, par une singularité de la destinée, il prit part, sous les ordres du lieutenant-général Anselme, pour sa première campagne, à la conquête de Nice, où venait de naître Sébastien Cosseau, qui devait vingt-huit ans plus tard servir sous ses ordres et l'assassiner. Prévost de Saint-Cyr reçut, l'année suivante, sa première blessure, une forte contusion à l'œil droit, sous les ordres du général Dugommier, au siège de Toulon, le prologue de l'épopée impériale, dont il devait, jusqu'au dénoûment, être l'un des acteurs et suivre les principales péripéties.

Dugommier, qui avait vu le jeune officier à l'œuvre et au feu, emmena en 1793 avec lui à l'armée des Pyrénées-Orientales le 5e bataillon de la Haute-Garonne. Ce bataillon fut versé dans la 130e demi-brigade d'infanterie de ligne qui devait entrer l'année suivante dans la composition de la 4e demi-brigade par suite d'orga-

nisation. Le capitaine Prévost de Saint-Cyr, après avoir contribué à chasser les Espagnols du Roussillon, pénétra en Catalogne, assista à la prise de Bellegarde et à la victoire de la Montagne Noire, où fut tué Dugommier, puis la prise des places de Rose et de Figuières. A celle de Girone, sur le Ter, il reçut un coup de feu au bras droit.

Ces succès de nos armées forcèrent Charles IV à signer, le 22 juillet 1795, le traité de Bâle, par lequel il cédait à la France, en échange de ses conquêtes, la partie de Saint-Domingue appartenant à l'Espagne.

Le capitaine Prévost de Saint-Cyr partit alors avec son corps pour renforcer l'armée des Alpes, qui allait envahir le Piémont sous le commandement en chef de Bonaparte. Il prit part à la merveilleuse campagne d'Italie, à la victoire de Montenotte sur Beaulieu, le 12 avril 1796, qui nous ouvrit le Piémont ; à celles de Millésimo, le 14, qui sépara les Sardes des Autrichiens ; de Mondovi, le 22, qui amena l'armistice de Chérasco et la paix définitive, signée le 15 mai, avec le Piémont, qui cédait à la France Nice et la Savoie. Le capitaine assista encore le 8 mai au combat de Fombio, le 10 à la bataille de Lodi, qui nous rendit maîtres de Milan et de toute la Lombardie, et à l'investissement de Mantoue. Il suivit Bonaparte, quand il força le passage du Mincio à Borghetto, le 30 mai, rejeta l'armée de Beaulieu

dans les montagnes du Tyrol, battit Wurmser à Castiglione et à Bassano, Alvinzi à Arcole, les 15, 16 et 17 novembre 1796, et à Rivoli, le 14 janvier 1797, défaites successives qui forcèrent Mantoue à capituler le 2 février. Les défilés du Tyrol furent alors franchis malgré les efforts du prince Charles, et l'armée victorieuse déboucha en Allemagne. Pour l'arrêter, les vaincus se hâtèrent de signer l'armistice de Léoben, dans la Haute-Styrie, le 18 avril 1797, préambule de la paix conclue à Campo-Formio, le 17 octobre suivant. Elle attachait aux flancs de l'Autriche, comme une menace vivante, la république cisalpine, formée avec Milan pour capitale, de la Romagne, du Bolonais et du Ferrarais, que le pape avait été contraint de céder.

L'Autriche abattue, Bonaparte voulut tourner ses armes contre l'Angleterre et forma une armée pour l'attaquer ; mais, voyant que rien n'était prêt et que ses moyens d'action n'étaient pas en rapport avec les sérieuses difficultés que présentait l'expédition, il y renonça pour le moment. Le capitaine Prévost de Saint-Cyr avait été versé avec son régiment dans les cadres de l'armée d'Angleterre et envoyé en Batavie. Il contribua à la victoire remportée le 19 septembre 1799, à Bergen, en Hollande, par Brune sur 40,000 anglo-russes commandés par le duc d'York, défaite qui les contraignit à se rembarquer.

Le capitaine, qui recherchait les occasions

de se signaler et ambitionnait les épaulettes d'officier supérieur, demanda à passer à l'armée du Rhin sous les ordres de Moreau. Il se distingua, le 3 décembre 1800, à la bataille de Hohenlinden. La paix de Lunéville, signée le 9 février 1801, qui donnait pour limite à la France le Rhin jusqu'au territoire hollandais, le força, malgré lui, à reprendre la tranquille et monotone vie de garnison. Le 29 août 1803, il fut nommé chef de bataillon à la 29ᵉ demi-brigade d'infanterie de ligne, puis réformé à la réorganisation du 24 septembre de la même année.

M. Prévost de Saint-Cyr ne demeura pas longtemps dans la non-activité, car, quatre mois plus tard, le 26 janvier 1804, il fut nommé chef de bataillon au 27ᵉ régiment d'infanterie de ligne.

Sur ces entrefaites, Napoléon, qui après la paix d'Amiens conclue le 25 mars 1802 et rompue en 1803, avait repris ses projets contre l'Angleterre, préparait, au camp de Boulogne, des armements considérables pour opérer une descente. Le nouveau chef de bataillon fut appelé pour prendre part à la défense de nos côtes. Ce n'était pas certes un poste sans danger, car, le 16 août 1804, au moment où Napoléon, qui venait de fonder l'ordre de la Légion d'honneur, distribuait aux troupes du camp de Boulogne les croix, qui devaient remplacer les armes d'honneur qu'auparavant la République

décernait aux plus braves, une division de la flotille, partie du Havre, entrait au port après avoir bravement répondu à une vive canonnade des Anglais.

Le chef de bataillon Prévost de Saint-Cyr figura sur la seconde liste de promotions dans l'ordre de la Légion d'honneur, et fut nommé chevalier le 7 octobre 1804. A la fin de la même année, le 22 décembre, il fit un mariage d'amour.

Au mois d'avril 1793, lorsque Dumouriez, qui rêvait une restauration royaliste, fut mandé à la barre de la Convention pour y justifier sa conduite, il répondit aux envoyés de cette assemblée : « Les tigres veulent ma tête, mais je ne veux pas la leur donner », et il se réfugia, avec le duc de Chartres, le colonel Thouvenot et un régiment de hussards, auprès des Autrichiens, auxquels il livra les quatre commissaires de la Convention, Camus, Quinette, Lamarque et Bancal et le ministre de la guerre Beurnonville qui les avait accompagnés et demanda à partager leur sort. Le comité de salut public décida de négocier un échange pour délivrer ses commissaires, et le Directoire se chargea de le conclure et de le faire exécuter. Le 26 décembre 1795 furent échangés, à Bâle : d'un côté la fille de Louis XVI, Mme Royale, qui devint plus tard duchesse d'Angoulême par son mariage avec son cousin Louis-Antoine de Bourbon, le fils aîné de Charles X, et les fils

du duc d'Orléans ; et de l'autre, Camus, Quinette, Lamarque, Bancal et Beurnonville livrés par Dumouriez, les agents diplomatiques Maret et Sémonville, enlevés sur un territoire neutre, et le conventionnel Drouet fait prisonnier au siège de Maubeuge.

Dans le voyage nécessité par cet échange, Mme Royale s'arrêta à Huningue, près de Mulhouse, dans un hôtel où elle vit une petite fille, Anne-Marie Schultz, dont la gentillesse et la beauté vraiment merveilleuse la frappèrent d'admiration. Elle la demanda à sa famille pour l'attacher à sa personne, promettant de se charger de son avenir. Il était difficile de résister aux prières et aux instances impétueuses de cette princesse, dont Napoléon disait, en 1815, à Bordeaux : « C'est le seul homme de la famille »; aussi emmena-t-elle sa protégée. C'est cette enfant, qui, devenue jeune fille, avait tenu tout ce qu'elle promettait, qu'épousa le chef de bataillon Prévost de Saint-Cyr. Un portrait d'elle, conservé dans la famille, justifie l'engouement de Mme Royale, car ceux qui l'ont vu déclarent que l'original dut être une des femmes les plus belles, sinon la plus belle de cette époque célèbre par ses jolies femmes.

Après son mariage, le chef de bataillon Prévost de Saint-Cyr passa deux années dans les villes de garnison, puis, de 1806 à 1808, fit campagne sur les côtes de l'Océan et dans l'armée de réserve sur l'Elbe. Cette armée, momen-

tanément stationnaire, était chargée de veiller au blocus continental et d'observer et de suivre les mouvements des Anglais. S'ils faisaient voile vers l'Allemagne, ce corps d'observation devait remonter les bords de la Manche, de la mer du Nord et de la Baltique pour aller rejoindre en Allemagne les deux divisions Boudet et Molitor. C'est ce qui eut lieu. Le chef de bataillon, nommé officier de la Légion d'honneur le 13 mai 1807, venait d'être promu au grade de major au 57e régiment d'infanterie de ligne, le 6 septembre 1808, lorsqu'il partit pour l'armée d'Allemagne. Il prit part, contre la cinquième coalition, aux victoires remportées près de Ratisbonne, sur l'archiduc Charles, l'archiduc Louis et le général Hiller. Il s'y distingua, ce qui lui valut, le 23 mai 1809, le grade de colonel en second et le commandement d'une demi-brigade provisoire d'infanterie. Il se conduisit vaillamment à Eckmülh, le 22 avril 1809, où la défaite de l'archiduc Charles par Napoléon eut pour conséquence la prise de Ratisbonne et de Vienne.

Un retour offensif du prince Charles amena, les 21 et 22 mai, la sanglante bataille d'Essling, qui dura deux jours, pendant lesquels le village d'Essling fut huit fois pris et repris, où les deux parties s'attribuèrent la victoire, et où les Français, à force de bravoure, maintinrent leurs positions. Les pertes furent à peu près égales et désastreuses pour les deux armées. De notre

côté, le maréchal Lannes et le général de Saint-Hilaire tombèrent mortellement blessés. Le vicomte Prévost de Saint-Cyr, dont le régiment faisait partie de la division Saint-Hilaire, reçut une blessure grave à l'épaule gauche.

Lorsqu'il eut surmonté la douleur que lui causa la mort de Lannes, son vieux compagnon d'armes, Napoléon visita les blessés et entra dans la chambre du colonel, au moment où cet officier disait au chirurgien en montrant un verre vide : « Sapristi, ma blessure va empirer; il ne reste plus une goutte de ce baume merveilleux. — Quel baume ? demanda l'empereur. Ne peut-on s'en procurer? — Sire, répondit gaiement M. Prévost de Saint-Cyr, ce baume était une bouteille de Johannisberg, mais il n'y en a plus à Vienne, paraît-il, depuis notre entrée. Il a fui, sans doute, avec l'archiduc Charles dans ses fourgons, après Eckmülh, tant il a disparu rapidement! » L'empereur sourit à la flatterie spirituellement cachée sous cette saillie et sortit en disant : « Si vous n'en avez pas trouvé, c'est que vous n'avez pas frappé à la bonne porte. » Deux jours après, le blessé recevait, de la part de l'empereur, un acte de donation, qui lui assurait la propriété d'une partie du célèbre vignoble de Johannisberg. Cédant aux instances du duc de Valmy, qui possédait le restant, il lui vendit plus tard cette portion.

Quelques jours après se livra la bataille de

Wagram, et le colonel, le bras en écharpe, y combattit à la tête de sa demi-brigade. Le traité de Vienne, qui en fut la conséquence, lui permit de se reposer et de soigner ses blessures.

De 1810 à 1813, nous le retrouvons guerroyant en Espagne. Il prit part au siège de Cadix, où s'était réfugiée la Junte chassée de Séville. Il suivit la pénible retraite de Masséna, lorsqu'après avoir refoulé les troupes anglo-portugaises jusque sous les murs de Lisbonne, ce général ne put entamer Wellington retranché dans la forte position de Torres-Védras, et fut contraint d'évacuer le Portugal. La bataille de Fuentès-d'Onoro restée indécise termina cette campagne à la suite de laquelle la belle conduite du brillant officier, le 10 juin 1811, lui valut sa nomination comme colonel en premier du 50me régiment d'infanterie de ligne.

Il passa, en cette qualité, sous les ordres de Marmont, et reçut, le 12 juillet 1812, un coup de feu à la cuisse droite à la bataille des Arapiles. L'année suivante, il fut encore atteint, le 13 novembre 1813, d'un coup de feu au bras gauche à la bataille de Saint-Pierre d'Irube livrée par le maréchal Soult devant Bayonne, dans ses héroïques efforts pour forcer l'armée anglo-espagnole, commandée par Wellington, à reppasser la frontière.

Le colonel Prévost de Saint-Cyr avait défendu le territoire français pied à pied contre l'invasion. La Restauration lui conserva son grade

et le nomma chevalier de Saint-Louis, le 3 juillet 1814. Le 25 septembre de la même année, il passa du commandement du 50me à celui du 46me régiment d'infanterie de ligne.

Lorsque Napoléon fut revenu de l'île d'Elbe, une décision, en date du 26 mars 1815, remplaça le colonel Prévost de Saint-Cyr dans son commandement, et, par un décret, du 4 mai suivant, il fut admis à la retraite. Il avait alors quarante et un ans et avait fait dix-sept campagnes sur vingt-trois années de service, ce qui, les années de campagne comptant double, équivalait à quarante ans de service.

A la seconde Restauration, le vicomte Prévost de Saint-Cyr fut rappelé à l'activité et nommé, dans son pays, colonel de la légion départementale de Tarn-et-Garonne, qu'il commanda jusqu'au 27 septembre 1820, jour de sa mort ; trois semaines avant le remplacement des légions départementales par les régiments. La légion départementale de Tarn-et-Garonne occupait alors Perpignan. Le colonel vicomte Prévost de Saint-Cyr avait sous ses ordres un capitaine, natif de Nice, Paolo Cosseau, nommé officier de la Légion d'honneur sur le champ de bataille, en récompense d'une action d'éclat. Après les Cent-Jours, le capitaine Cosseau avait été mis en demi-solde pendant trois mois, puis, en raison de ses brillants états de service, envoyé, avec son grade, dans la légion départementale de Tarn-et-Garonne.

Cet officier était d'un caractère sombre et emporté. Il vivait séparé de sa femme, qu'il avait épousée à Cette, et ses collègues ne connurent son mariage qu'après sa mort. A Perpignan, il avait loué une chambre garnie chez Mme Fabre, directrice d'un bureau de loterie. Elle avait auprès d'elle, lorsque le capitaine devint son locataire, sa fille, une jeune femme fort jolie, mariée avec un officier du 26me de ligne. Paolo Cosseau, qui aurait dû, au besoin, servir, par esprit de confraternité militaire, de protecteur à la femme de son collègue absent, mit au contraire tout en œuvre pour la séduire. Ses avances furent repoussées avec indignation et mépris. Furieux de cet échec, le capitaine poussé, moitié par la passion, moitié par le dépit, se jura de posséder, fût-ce par la force, celle dont il n'avait pu obtenir les faveurs de bonne volonté. Mais, avant d'employer la violence, il eut recours à la ruse. Pour endormir la méfiance de Mlle Fabre, il feignit de prendre son parti de son insuccès et de renoncer à sa conquête.

La jeune femme rassurée se croyait en effet délivrée de ses obsessions, lorsqu'une nuit Mme Fabre mère, entendant marcher dans le corridor, se leva et arriva à temps pour surprendre Cosseau au moment où, à l'aide d'une fausse clef, il allait s'introduire dans la chambre de sa fille endormie. Indignée de cette tentative, elle chassa, séance tenante, le coupable de sa

maison, et, le lendemain, adressa une plainte à son colonel.

Cosseau avait calculé sur une circonstance pour assurer son impunité, s'il réussissait dans son odieux attentat. Il comptait que la honte empêcherait sa victime de parler dans le premier moment, et que son absence lui ferait ensuite garder le silence. Il devait en effet partir de Perpignan, le lendemain matin même, étant détaché sur la côte avec une compagnie, par suite de mesures sanitaires. Sa duplicité fut déjouée et son espoir déçu, grâce à l'intervention de Mme Fabre.

En recevant la plainte de cette mère encore tout émue de la scène de la nuit, le colonel Prévost de Saint-Cyr partagea son indignation, et, sous la première impression de ce sentiment, écrivit une lettre fort vive à son subordonné, lui reprochant sa conduite inqualifiable. Il terminait par une allusion à la nationalité étrangère du capitaine, Nice ayant fait retour au Piémont depuis les traités de 1815, et lui disait : « Vous devriez vous montrer digne et fier de porter l'uniforme d'officier français, au lieu de le déshonorer. »

Cosseau renvoya une réponse ironique et insolente, prétendant « que la vétille dont le colonel faisait tant de bruit, était une affaire privée qui ne le regardait pas, qu'un colonel n'avait pas pour mission de s'occuper des fredaines amoureuses de ses officiers et de s'éri-

ger en chevalier servant des beautés affligées, et que d'ailleurs ce n'était là qu'une vengeance politique d'un noble, officier de naissance, sur un officier de fortune de l'Empire pour se faire bien venir du roi ». Il terminait en déclarant « que le colonel aurait fermé les yeux sur cette peccadille, si, au lieu d'avoir été mis en demi-solde en 1815, il avait repris du service à cette époque comme les émigrés ».

Cette accusation était injuste, car le colonel, ainsi qu'on a pu le voir, avait conquis son épaulette à la pointe de l'épée et au prix de son sang pendant la Révolution et l'Empire, et était animé de sentiments libéraux et patriotiques.

En outre, son devoir lui commandait de ne pas laisser passer, sans répression, cette lettre insolente, qui était un véritable acte d'insubordination. Néanmoins, comme c'était, à un certain point de vue, une offense personnelle qu'il avait à punir, il fit preuve de modération, et n'infligea que quinze jours de prison au coupable.

Au lieu de se montrer reconnaissant de cette indulgence, le capitaine Cosseau, soit qu'il la prît pour de la faiblesse, soit emporté par la fougue de son caractère, ne cessa, durant sa détention, de vomir des insultes contre son colonel, ne s'interrompant que pour écrire au ministre de la guerre un mémoire, ou plutôt une diatribe contre son supérieur. Il se plaignait d'être victime de procédés injustes et violents

de la part de M. Prévost de Saint-Cyr, qui nourrissait, prétendait-il, des sentiments de rancune à son égard. Pour s'y soustraire il sollicitait l'autorisation de changer de corps.

De son côté, le colonel exposa, sans récriminations, l'affaire dans un rapport au ministre de la guerre, et demanda, comme conclusion, le changement de corps de Cosseau, qu'il lui devenait impossible de conserver dans sa légion.

Le ministre, édifié par les faits et par le ton si différent des deux pièces qu'il avait reçues, se montra plus sévère que l'offensé. Il mit le capitaine Cosseau en demi-solde avec un traitement spécial, qui lui serait alloué pendant cinq ans, s'il n'était pas réintégré dans ce laps de temps. Le capitaine avait terminé ses quinze jours de prison, et était retourné en détachement sur la côte, lorsque lui parvint la décision ministérielle. Il s'y soumit, mais en se promettant de se venger. Le lendemain, il partait pour Perpignan.

A son arrivée dans cette ville, ses collègues, qui connaissaient son caractère rancunier et la bonté du colonel, dans le but de conjurer une catastrophe qu'ils prévoyaient, lui firent bon accueil pour l'apaiser, lui promirent d'intercéder en sa faveur, et lui donnèrent bon espoir d'une prompte réintégration dans un autre régiment. Cosseau resta froid, sans rien laisser paraître sur son visage des sentiments de vengeance qu'il dissimulait. Dans la nuit, il fit son

testament, preuve que son crime était prémédité et bien arrêté.

Le lendemain, il se rendit trois fois dans la journée chez M. Prévost de Saint-Cyr, qui était sorti. A la quatrième visite, vers quatre heures et demie, le domestique lui annonça que le colonel venait de rentrer et se trouvait au salon avec sa femme et celle du quartier-maître de la légion de Tarn-et-Garonne. Cosseau les rejoint au salon, et après les salutations d'usage, prend part quelque temps à la conversation, puis demande au colonel un entretien particulier. M. Prévost de Saint-Cyr le fait immédiatement passer dans son cabinet.

A peine sont-ils entrés que le capitaine Cosseau se plaint amèrement au colonel de l'acharnement avec lequel il le poursuit : « Vous venez de briser ma carrière, s'écrie-t-il. — Elle n'est que momentanément interrompue, répond M. Prévost de Saint-Cyr, et pas de mon fait, vous le savez, mais de celui du ministre de la guerre, et bien par votre faute. Je vous affirme sur mon honneur de soldat n'avoir pas réclamé votre renvoi en demi-solde, mais simplement ce que vous demandiez vous-même : votre changement de corps. La preuve que je ne vous en veux pas, c'est, qu'une fois le bruit fait autour de cette affaire apaisé, je me mets à votre service et je vous promets mon concours le plus actif pour vous aider à rentrer dans un autre

régiment. — Ce ne sont que des mots, toutes ces belles promesses, répliqua le capitaine, et, en attendant, moi, officier de la Légion d'honneur, je suis chassé de l'armée et jeté sur le pavé comme un misérable. » Ne connaissant pas la situation pécuniaire de Cosseau, et, supposant, d'après ces derniers mots, que peut-être il se trouvait gêné, le colonel répartit avec bonté : « Capitaine, entre compagnons d'armes il ne doit pas exister de fausse honte; je vous ai offert mon appui ; si vous avez besoin d'argent, je vous offre ma bourse. — C'est une insulte de plus, s'écria Cosseau d'un ton furieux; tu vas les payer toutes à la fois », et, tirant un pistolet de sa poche, il fait feu à bout portant. Le colonel, atteint au cœur, chancelle et tombe dans les bras de Mme Prévost de Saint-Cyr qui, au bruit de l'explosion, s'est élancée dans le cabinet de son mari. Le blessé lui serre la main : « Adieu! mon amie », murmure-t-il d'une voix éteinte, et il expire.

Pendant ce temps, Cosseau, qui s'est retiré dans un coin de la pièce, saisit un second pistolet et se fait sauter la cervelle. Son sang rejaillit sur Mme Prévost de Saint-Cyr qui, déjà couverte de celui de son mari, pousse un cri d'horreur et s'évanouit.

La femme du quartier-maître et les domestiques se précipitent dans le cabinet, et, au premier moment, croient se trouver en présence de trois cadavres.

Le chirurgien-major du régiment, mandé en toute hâte, ne put que constater le décès du colonel et du capitaine et prodiguer ses soins à l'infortunée survivante de ce terrible drame qui, transportée dans le salon, ne tarda pas à reprendre ses sens et à sentir l'étendue de son malheur. Elle restait veuve avec cinq enfants!

L'enterrement eut lieu le lendemain, 28 septembre. Toute la garnison, les employés des divers services publics, une foule immense, *la ville entière*, a dit un des assistants, suivit le convoi de M. Prévost de Saint-Cyr, auquel furent rendus les honneurs militaires avec un brillant apparat, en sa triple qualité de colonel de la légion départementale, d'officier de la Légion d'honneur et de chevalier de Saint-Louis. Le corbillard disparaissait littéralement sous les fleurs, le colonel ayant su conquérir l'estime et la sympathie générales.

Son lieutenant-colonel, fort ému, ne put que prononcer quelques paroles de regret sur la tombe de ce brillant officier, enlevé à sa famille, à ses compagnons d'armes, à la France et à son roi, à quarante-six ans, dans la force de l'âge, au moment où un grade supérieur allait couronner sa carrière et récompenser ses longs et brillants services, ses qualités et ses vertus militaires.

Le colonel figurait, en effet, en tête de la liste pour la promotion de généraux du 1er janvier siuvant.

Quant au meurtrier, comme il était officier de la Légion d'honneur, le piquet réglementaire suivit son cercueil, mais seul.

A l'ouverture de son testament, on sut que son crime n'avait même pas l'excuse du besoin, car Cosseau possédait, en dehors de son traitement, deux mille livres de revenus, qu'il léguait à un neveu. Il n'avait rien laissé à sa veuve.

Louis XVIII accorda à Mme Prévost de Saint-Cyr une forte pension, reversible sur la tête de ses enfants. L'un d'eux en est encore titulaire.

Le colonel n'eut pas de successeur à la tête de la légion de Tarn-et-Garonne, les légions départementales ayant été remplacées, quelques jours après sa mort, par les régiments réguliers.

Cette sombre tragédie eut un épilogue sanglant. Elle excita une polémique entre les journaux du gouvernement et ceux de l'opposition, qui cherchaient à transformer en affaire politique ce drame militaire intime. Le contrecoup s'en fit ressentir également dans l'armée, et, à la suite d'une discussion fort vive, un duel eut lieu entre deux officiers, un ancien noble émigré, et un de ceux qu'on appelait alors les *Brigands de la Loire*. Les deux adversaires furent blessés très grièvement.

Pour couper court à la polémique des journaux et aux querelles entre militaires, le

ministre de la guerre fit écrire, après une enquête sur les lieux mêmes où l'assassinat avait été commis, un récit succint et exact des faits, qui fut publié dans le *Drapeau blanc* et le *Moniteur*, avec cette signature : *Un habitant de Perpignan.*

Paris. — Imp. C. Pariset, 5, boulevard des Italiens, 5

NOTICE

SUR LA VIE DU

COLONEL PRÉVOST DE SAINT-CYR

PARIS

IMPRIMERIE C. PARISET

101, RUE DE RICHELIEU, 101

1889